살바도르,
기후위기에
대한
도전

더 나은 미래를 건설하고 싶은
아이들에게

I, WITNESS: HURRICANE: MY STORY OF RESILIENCE by Salvador Gómez-Colón
Copyright © 2021 by The Hawkins Project and Salvador Gómez-Colón
All rights reserved.

This Korean edition was published by DARUN Publisher in 2022 by arrangement with The Hawkins Project c/o Writers House LLC through KCC(Korea Copyright Center Inc.), Seoul.

이 책은 (주)한국저작권센터(KCC)를 통한 저작권자와의 독점계약으로 다른에서 출간되었습니다. 저작권법에 의해 한국 내에서 보호를 받는 저작물이므로 무단전재와 복제를 금합니다.

살바도르, 기후위기에 대한 도전

살바도르 고메즈 콜론 지음　권가비 옮김

다른

편집자의 말

세상을 바꾸기 위해 나선 아이들

복잡한 사건을 제대로 이해하려면 그 문제의 한복판에 서 있던 사람의 생생한 이야기를 들어 봐야 합니다. 여성의 교육받을 권리를 위해 아프리카의 동쪽에 있는 나라 부룬디의 소녀들이 투쟁에 나선 이유가 궁금한가요? 그럼 그 운동에 직접 뛰어들었던 소녀들의 이야기에 귀를 기울여야 하겠지요.

〈빛을 든 아이들〉 시리즈의 핵심은 바로 현대사를 목격하고 경험한 청소년 주인공들이 자신의 이야기를 직접 펼친다는 사실입니다. 사는 곳과 환경이 나와 다른 사람들의 고난을 이해하는 것은 중요한 일입니다. 우리 편집자들은 독자 여러분이 책에 담긴 한 사람 한 사람의 치열한 삶에 공감하고, 더 나은 세상을 만들기 위해 무엇을 함께 할 수 있을지 고민하기를 바랍니다.

2014년 17세 나이에 여성인권운동가로서 최연소로 노벨평화상을 수상한 말랄라 유사프자이, 세계적인 청소년 환경운동가 그레타 툰베리는 자신이 옳다고 믿는 바를 지켜 낸 이 시대의 상징과 같은 인물입니다. 아직 이들만큼 널리 알려지지는 않았지만, 세상을 바꾸기 위해 나선 또 다른 청소년들도 있습니다.

〈빛을 든 아이들〉 시리즈는 여러분처럼 평범한 사람이 극심한 역경을 맞닥뜨리고 그 속에서 다시 일어서는 이야기를 담고 있습니다. 하나같이 놀랍고 믿을 수 없는 사연들이지요. 힘들고 슬프지만 때로는 희망이 차오릅니다. 책을 읽으면서 자신의 지난 경험과 이야기를 떠올려 보세요. 주인공들의 삶과 여러분의 삶은 비슷한가요? 아니면 전혀 다른가요? 여러분의 삶 또는 이 사회에서 해결하고 싶은 문제는 무엇인가요?

이 책은 2017년 푸에르토리코에서 허리케인 마리아를

겪고 살아남은 살바도르 고메즈 콜론의 이야기입니다. 태풍이 섬을 휩쓸고 간 뒤 그는 생필품이 부족한 이웃 주민 수백 명을 돕기 위해 곧바로 행동에 나섰습니다. 다른 사람들을 도우려는 살바도르의 추진력은 감탄스럽습니다.

  그가 맞닥뜨리고 이루어 낸 것으로부터 우리는 모두 무언가 배울 수 있을 겁니다. 아마 살면서 태풍을 경험할 일이 전혀 없는 사람도 있겠지요. 그러나 모두가 의심하는 와중에도 기필코 도움의 손길을 주고야 마는 살바도르의 굳은 결의는 누구라도 오래 기억할 만합니다. 살바도르의 글을 읽으면서 독자 여러분도 큰 용기와 많은 영감을 얻기를 바랍니다.

내가 궁금해요?

**이 책은
이렇게 읽어요**

1. 마음을 열고 제 이야기를 들어 주세요.
2. 세상에 어떤 변화가 필요할지 생각해 보세요.
3. 선생님 또는 친구들과 함께 대화해 보세요.

내 이름은 **살바도르**

허리케인에 대해 들어 봤나요? '**싹쓸바람**'이라고도 해요.

내 취미는 수영이고, 사진 수업을 제일 좋아해요!

엄청난 폭풍을 겪고, 이웃을 돕기 시작했어요.

우리 가족은 **푸에르토리코**라는 나라에서 부족한 것 없는 평범한 일상을 살고 있었어요. 그러던 어느 날, 모든 것을 앗아간 재난이 발생했죠. 바로 **허리케인 마리아**!

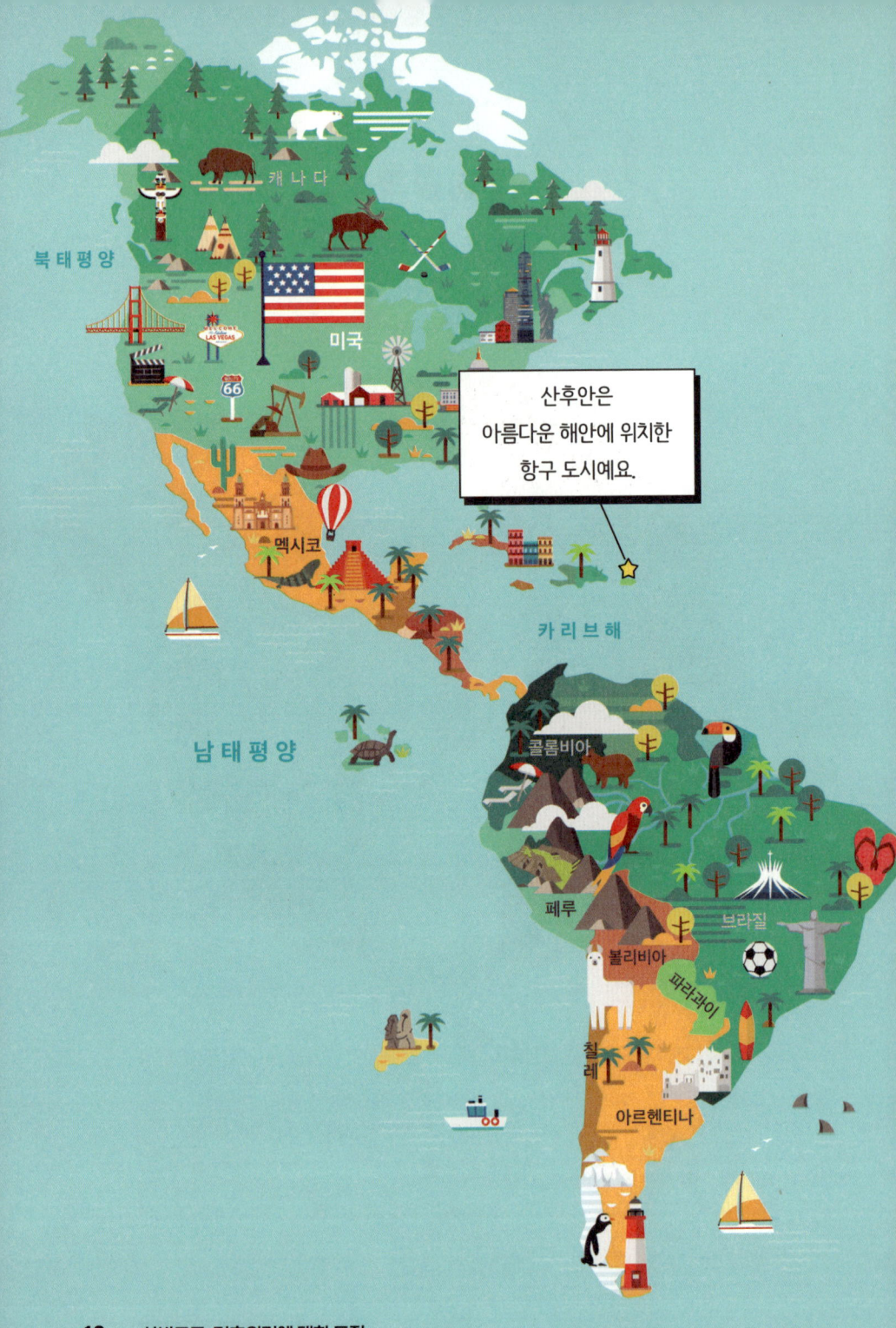

내가 사는 곳은
푸에르토리코

① 내가 태어나고 자란 푸에르토리코는 <mark>카리브해 북동쪽</mark>에 있는, 제주도의 다섯 배 정도 되는 섬나라예요.

② 지금은 미국의 자치령이지만, 과거 400년 동안 스페인의 식민지였던 영향으로 푸에르토리코 사람의 99퍼센트가 아직도 스페인어를 사용해요.

③ 온화한 날씨와 아름다운 자연환경으로 인해 관광업이 발달했어요.

④ <mark>강력한 허리케인</mark>은 주로 카리브해에서 발생해요. 카리브해에 있는 푸에르토리코는 허리케인의 피해를 가장 많이 받는 나라 중 하나죠.

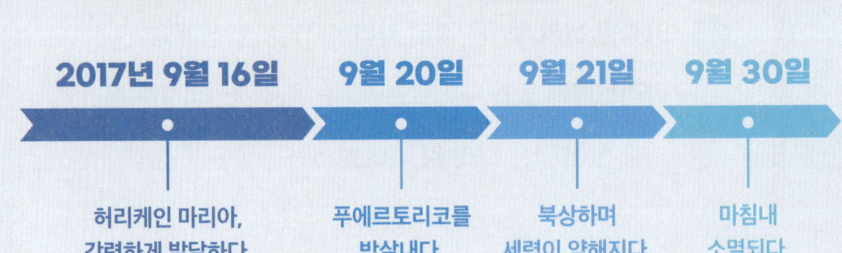

2017년 9월 16일	9월 20일	9월 21일	9월 30일
허리케인 마리아, 강력하게 발달하다.	푸에르토리코를 박살내다.	북상하며 세력이 약해지다.	마침내 소멸되다.

그날 허리케인이 발생했어요

열대와 아열대 지방에서 발생하는 회전 폭풍을 **'열대성 저기압'** 이라고 해요. 이 열대성 저기압이 강렬해지면 허리케인이라는 이름이 붙지요. 주로 쿠바, 아이티, 바하마 등 카리브해 섬나라들에 큰 피해를 줍니다.

허리케인은 일반적으로 태풍보다 **좁은 범위에 피해가 집중되는** 특성이 있어요. 그래서 실제로 같은 위력이라 하더라도 체감 위력은 허리케인이 태풍의 네 배 이상에 달한다고 합니다.

4등급 이상의 허리케인은 **철근 콘크리트 건물도 간단히 파괴**할 수 있으므로 무조건 야외로 대피해야 해요.

지구 밖에서 본 허리케인의 모습(위). 기후 변화 때문에 허리케인은 더 자주, 더 강하게 발생하고 있어요.

허리케인과 기후위기가 어떤 관련이 있냐고요?

더운 바다에서 증발하는 수증기는 허리케인이 강력한 힘을 유지하는 연료 역할을 해요. 극지방에 가까운 찬 바다에서는 허리케인이 생기지 않는 이유이기도 하지요.

문제는 **온실가스** 때문에 수온이 빠르게 높아지고 있다는 거예요. 뜨거운 바다를 통과하면서 수증기를 잔뜩 공급받은 허리케인은 **짧은 시간 동안 폭발적으로 커지며, 쉽게 약해지지 않습니다.** 유엔 재난위험경감사무국은 이렇게 보고했어요.

"2019년 세계 평균 기온이 산업화 이전보다 1.1도 더 오르면서 폭염과 가뭄, 홍수, 혹한, 태풍, 산불 등 극한 기상 현상들이 더욱 자주 일어나고 있다."

기후 변화는 더 큰 재난으로 이어집니다.

차례

편집자의 말	세상을 바꾸기 위해 나선 아이들	5
내가 궁금해요?		8

1 ◆ 평범한 일상을 앗아간 마리아   19

2 ◆ 물바다가 된 우리 집   29

3 ◆ 절망을 희망으로, 생각을 행동으로   39

4 ◆ 필요한 건 빛과 희망   51

5 ◆ 빛을 위한 모금 운동   59

6 ◆ 만만치 않은 첫 주문   69

7 ◆ 희망 전달자   79

8 ◆ 가는 곳마다 슬픈 사연이 잔뜩   87

9 ◆ 선한 영향력   95

시간으로 보는 인물 이야기   102
질문 있어요   106
변화를 위한 한 걸음   110

1

평범한 일상을 앗아간 마리아

　허리케인 마리아가 오기 18일 전인 2017년 9월 2일은 나의 열다섯 번째 생일이었다. 생일날 아침에 눈을 뜨니 온 집안이 파란색 풍선으로 가득했다. 그리고 식탁 위에는 생일을 축하하는 카드가 올려져 있었다. 어머니는 해마다 내 생일날 온 집안을 이렇게 꾸몄는데, 나는 그 어떤 선물보다 그 장식을 더 기대하곤 했다. 사소해 보일 수 있지만 내게는 큰 의미였다.

　그날 학교가 끝나고 나는 친구들과 중국 음식점에서 늦은 점심을 먹으며 생일 축하를 받았다. 주말에는 아버지와 함께 푸에르토리코 동해안에 있는 할아버지, 할머니의 아파트에 갔다. 해변에 있는 그 아파트는 내가 태어나기 전부터 우리 가족이 소유한 건물이었다. 어렸을 때 나는 사촌들과 함께 수많은 여름날을 그 아파트에서 보냈다. 우리는 그곳을 '패밀리 캠프'라고 불렀다. 열다섯 살이 되는 시점에서 지나간 날들을 돌이켜 보니 모든 날이 기념일처럼 느껴졌다.

당시 나는 푸에르토리코의 수도 산후안 근교에 있는 콘다도라는 도시에 살고 있었다. 좋아하는 학교 수업은 사진 수업이었고 매일 수영 연습을 했다. 매주 금요일과 토요일에는 모의 유엔 대회에 참석했다. 부모님은 내가 다섯 살 때 헤어졌고, 나는 어머니 집과 아버지 집을 오가면서 지냈다. 부모님의 이혼 후 몇 년 동안 나는 외동아들이었지만, 어머니가 재혼하고 나서 아버지가 서로 다른 의붓누나가 두 명 생겼다. 누나들과 나는 사이가 좋았고 함께 지내는 시간이 무척 즐거웠다. 그야말로 부족함 없는 평범한 삶이었다. 그러나 허리케인 마리아는 우리 모두에게서 그 '평범함'을 앗아갔다.

마리아는 여태까지 경험했던 태풍과는 아예 달랐다. 그

토록 파괴적인 태풍은 이전에 없었으며, 그 어떤 태풍도 마리아와는 비교가 되지 않았다. 푸에르토리코 사람들은 태풍을 그저 여름의 한 부분으로 여긴다. 그만큼 흔하게 발생하기 때문이다. 나 역시 꽤 많은 태풍을 경험해 봤는데 대부분 2등급이나 3등급이었다.

우선 알아 둬야 할 것이 있다. 허리케인은 '전부' 대단히 파괴적이고 '모든' 등급이 다 강력하다는 점이다. 허리케인은 열대성 저기압과 열대 폭풍이라는 두 단계의 문턱을 넘은 태풍을 말한다. 홍수가 나고 건물이 손상되고 사람이 다치는 건 1~3등급의 허리케인도 마찬가지지만 그래도 어느 정도 대비할 수 있는 수준이다. 4등급도 엄청난 괴물이지만, 5등급은 그 힘을 상상하기 어렵다. 모든 걸 쓸어가고 삼켜버리는 무자비한 태풍이 바로 5등급 허리케인이다. 마리아는 4등급과 5등급 사이를 오르내렸다. 푸에르토리코에 상륙했을 즈음엔 4등급이었다.

북대서양 카리브해에서 생기는 열대성 저기압. 태풍이나 허리케인, 사이클론은 발생한 지역에 따라 이름만 다를 뿐 모두 같은 열대성 저기압이다.

마리아 이전에 내가 겪었던 가장 강력한 태풍은 3등급의 허리케인 아이린이었다. 섬 전체가 쑥대밭이 되었던 기억이 아직도 생생하다. 거센 바람과 폭우로 전기와 물이 끊겼다. 당시 나는 초등학교 2학년이었는데, 학교에 가면 온통 태풍 이야기뿐이었다. 3학년이던 누나의 담임 선생님 이름이 아이린이었는데, 태풍이 지나간 후 학생들이 그분한테 짓궂게 굴었다고도 했다.

뉴스에서는 마리아가 다가오고 있으며 큰 충격을 줄 거라고 예고했지만, 그렇게 중요한 발표를 허리케인이 닥치기 겨우 이틀 전인 일요일에 했다. 그로부터 2주 전에 왔던 허리케인 어마는 오히려 더 많이 경고했었는데 말이다. 그도 그럴 것이 마리아는 별안간에 닥쳐 미처 대비할 틈이 없었다.

9월 18일 월요일, 나는 평소처럼 학교에 갔다. 그런데 1교시가 끝나자 교장 선생님이 모든 학생에게 이메일을 보냈다. 정오에 학교를 떠나 집으로 가야 한다는 내용이었다. 반나절만 수업받고 집으로 돌아온 그날 밤, 나는 허리케인 걱정으로 잠을 이룰 수 없었다.

다음 날인 화요일에 어머니와 나, 그리고 할아버지와 할머니는 허리케인에 대비하기 시작했다. 새아버지는 하필 그때 일이 생겨 뉴욕에 가는 바람에 우리와 함께 있지 못했다. 누나들은 그들의 친어머니와 함께 있었고, 친아버지는 친가로 가서 할아버지와 할머니를 보살폈다. 우리는 집 밖으로 나가야 할 경우를 대비해 짐을 꾸렸다. 우리 집은 해변에서 세 블록 떨어진 곳에 있었는데, 만일 쓰나미가 덮치면 집을 빠져나가 대피해야 할 최악의 상황이 일어날 수 있었기 때문이다.

일단 현금이나 간식, 빵처럼 꼭 필요한 것만 챙겼다. 그리고 만약 집을 떠나야 한다면 얼마나 오래 있어야 할지 모르기 때문에 최대한 많은 보온병에 물을 채워서 가방마다 두 개씩 넣었다. 할머니는 드시던 약을, 할아버지는 오래된 라디오를 챙겼다. 나는 내 천식 흡입기와 심심할 때 볼 낱말 찾기 책을 챙겼다.

우리는 태풍이 오면 거실에 모여 있기로 했다. 현관이랑 가까워서 필요한 경우 곧바로 나갈 수 있었기 때문이다. 또 제일 안전한 곳이기도 했는데, 허리케인처럼 강력한 바람이 불면 진공 상태가 되어 방문이 열리지 않기 때문이다. 침실에 있다가는 갇힐 수도 있다. 우리 네 사람은 무슨 일이 벌어지든 서로가 있어서 다행이라고 생각했다.

그날 밤 푸에르토리코의 행정관 리카르도 로셀로가 한 영상을 인터넷에 올렸다. 다가올 재난이 유례없이 강력하다면서, 단결과 준비의 중요성을 강조하는 영상이었다. 우리 가족이 살던 아파트는 열다섯 가구뿐이라 서로 잘 알고 지냈다. 게다가 우리는 꽤 오래 그곳에 살았다. 옆집에 살던 80세의 미리엄 할머니는 아주 오래전에 남편을 잃고 혼자 사는 분이었다. 할머니가 홀로 얼마나 무섭고 외로웠을지는 상상이 되고도 남았다. 우리는 할머니 집의 문을 두드리면서 이렇게 말했다.

"미리엄 할머니, 때가 되면 우리는 아래층으로 내려갈 거예요. 그때 노크를 할 테니, 우리랑 같이 내려가실래요?"

미리엄 할머니는 고맙다며 함께 가겠다고 말했다.
밤 아홉 시쯤 되자 바람이 거세지고 비가 내리기 시작

했다. 창밖에서 세찬 바람 소리가 들렸다. 두 시간쯤 지나자 덧문이 덜컹대고 바람이 한층 더 강해졌다.

  나는 전날 밤 한숨도 못 자서 매우 지쳐 있었다. 그래서 자정 무렵 그 소란 속에서도 기적적으로 소파에서 잠이 들었다. 그리고 몇 시간 뒤, 일어나 보니 집 안은 혼돈 그 자체였다.

2

물바다가 된
우리 집

태풍이 부는 동안과 그 직후에 일어났던 일은 아무리 떠올려 보려 해도 그저 흐릿하기만 하다. 오직 몇 가지 특정한 순간만 기억난다. 소파에서 자다가 깼을 때 나는 몸을 가누기 힘들었다. 발로 바닥을 디뎠다가 차디찬 물에 소스라치게 놀랐다.

'이런, 말도 안 돼.'

바닥에 물이 발목 위로 7~8센티미터 정도 차 있었다.

고개를 들었을 땐 어머니와 할아버지가 내 이불과 베개, 담요를 바닥으로 던지는 모습이 보였다. 물을 빨아들이려고 하는 행동이었다. 나도 도우려고 일어섰다.

물이 환기구와 에어컨 장치를 통해 집 안으로 세차게 쏟아지고 있었다.

'허리케인은 이제 막 시작됐을 뿐이야. 앞으로 더 심해지는 일밖엔 없어.'

친구들은 어떻게 지내는지 알아보려고 문자도 보내고 전화도 해봤다. 그러나 통신은 곧 먹통이 되었고 친구들과의 연락은 완전히 끊어져 버렸다.

거실, 내 방, 어머니 방이 물에 잠겼다. 벽에 붙어 있어야 할 에어컨 장치는 바닥에 널브러져 있었다. 허리케인이 강타했을 때 기압의 변화 때문에 벽에서 뽑혀 나온 것이다. 우리는 물이 마구 쏟아져 들어오는 거실 환풍구를 옷으로 막았다. 그리고 침실로 들어오는 물을 막으려고 애쓰고 있는데, 갑자기 건물이 휘청거리기 시작했다.

"여기서 나가야 해."

아파트 전체가 흔들리는 느낌이 들었다. 이곳에 갇히면 끔찍한 일이 벌어진다는 것을 알 수 있었다. 어머니가 재촉했다.

"자, 어서 밑으로 내려가자."

우리는 준비해 둔 가방을 집어 들었다. 언제 돌아올 수 있을지 모른 채로 떠나야 했다. 수많은 감정이 한꺼번에 밀려왔는데 그중 가장 크게 느껴지는 것은 할 수 있는 일이 아무것도 없는 것만 같은 허탈한 무력감이었다. 그리고 재난 앞에 사람의 몸이 얼마나 연약하고 다치기 쉬운지도 생각했다. 평생 한 번도 느껴본 적 없던 기분이었다.

아래층으로 내려가기 전에 우리는 미리엄 할머니네 집 문을 두드렸다.

"할머니, 저희 이제 아래층으로 내려갈 건데요, 할머니도 같이 가셔야 할 것 같아요."

"그래, 그러는 게 좋겠구나."

지붕의 갈라진 틈으로 들어온 물이 계단을 타고 세차게 흘러내렸다. 우리는 로비로 갔다가 아파트 건물에 있는 헬스장 안으로 들어갔다. 그곳엔 이미 사람들이 여덟 명 있었다. 중년 부부와 열일곱 살짜리 딸, 그들이 키우는 강아지, 갓난아기가 있는 부부 그리고 노인 두 명이었다.

그전에는 한 번도 헬스장을 이용해 본 적이 없었다. 엘리베이터가 고장 났을 때 차단기 스위치를 누르러 딱 한 번 들어가 봤을 뿐이다. 그때는 훗날 헬스장 덕분에 살 게 될 거라고 상상도 하지 못했다.

나는 그 헬스장을 '청소함'이라고 불렀다. 크기가 가로 3미터, 세로 5미터 정도밖에 안 되는 작은 방이었기 때문이다. 그 방에는 러닝머신 한 대, 역기 한 세트, 16인치 벽걸이 텔레비전 한 대, 그리고 창문이 있었다. 우리는 쇠창살이 달린 그 창문을 통해 바깥 상황이 어떤지 볼 수 있었다. 야자수가 공중에 날아다니고 거센 바람은 차들을 들어 올렸다. 온갖 것들이 눈앞에서 휙휙 지나갔다. 아기는 울고 개는 짖어댔다. 두렵고 혼란스러웠다. 우리는 모두 옴짝달싹 못 하고 있었다.

'이건 말도 안 돼. 말도 안 된다고!'

우리는 텔레비전으로 뉴스를 봤다. 뉴스는 바람에 유리가 깨지고 나무가 뽑혀 날아가는 장면을 보여줬다. 그러다 갑자기 화면이 회색으로 변했는데, 방송국 지붕이 무너져서 그랬다는 걸 나중에 알게 되었다. 텔레비전 방송이 중단된 뒤로 우리는 할아버지의 옛날 라디오를 들었다.

허리케인이 오기 전에 할아버지는 매일 텔레비전을 봤는데, 특히 영화를 좋아했다. 그러나 허리케인 때문에 더 이상 볼 수 없게 되자 할아버지는 라디오에 의지했다. 라디오는 우리 가족에게 뉴스를 전해 주는 중요한 물건이 되었다. 허리케인이 상륙한 날 밤부터 몇 주간 우리는 할아버지의 라디오를 들었다. 나는 그 라디오에 '할아버지의 이름난 라디오'라는 별명을 지어 주었다. 할아버지는 라디오를 들으면서 과거를 회상하는 것 같았다.

헬스장 유리문을 통해 사람들이 로비를 보수하는 모습이 보였다. 그들은 로비를 최대한 안전한 공간으로 만들기 위해 애쓰고 있었다. 허리케인 바람은 아파트 현관과 주차장 입구에 있던 유리문을 뜯어 버렸다. 젊은 아파트 주민 대표에서 60세 노인에 이르는 사람들이 모두 나서서 계단에 들어찬 물을 쓸어 냈다. 뜯어져 나간 주차장 유리문 자리에 임시로 나무판자를 달기도 했다.

나도 밖으로 나가서 사람들을 도왔다. 노란 빗자루를 들고 헬스장 입구 옆 계단에 흘러내리는 빗물을 쓸어 냈다. 온 힘을 다했지만 바람은 여전히 거세게 불었다. 어머니는 건물 현관으로 무언가 날아와서 내가 다칠까 봐 걱정했다.

"그만 안으로 들어와라!"

어머니의 외침에 나는 부리나케 안으로 뛰어 들어갔다. 기운이 하나도 없었다. 몸이 사시나무 떨듯 덜덜 떨렸다. 롤러코스터를 타고 꼭대기에 올라가 떨어지기만을 기다리던 순간이 떠올랐다. 공중에 몸이 붕 떠 있는 듯했다. 잠에서 깨서 식구들이 이불로 물을 빨아들이는 모습을 목격했을 때부터 계속 이런 기분이었다. 다른 데 집중해 보려고 가방에서 낱말 찾기 책을 꺼내 단어 퍼즐과 도형 문제를 100개 가까이 풀었다.

아침 여덟 시쯤 바람이 잠잠해졌다. 태풍이 이제야 좀 잦아든다고 생각했다. 다 지나갔다고 판단한 우리는 위층으로 다시 올라갔다. 그러나 이제부터 진짜 시작이었다.

3

절망을 희망으로, 생각을 행동으로

위층으로 올라오자 휴대폰 신호가 다시 잡혔고, 새아버지와 통화가 연결되었다.

"귀국하려고 했는데 여기서 발이 묶여 버렸어. 혹시 너희들, 지금 위층에 있는 건 아니겠지?"

어머니가 대답했다.

"우리 방금 위층으로 올라왔어요. 바람이 멈췄거든요."
"아냐, 그러면 안 돼. 너희는 지금 '태풍의 눈' 속에 있는 거야. 당장 아래층으로 내려가야 해!"

　우리는 재빨리 아래층으로 내려왔다. 곧이어 그 어느 때보다 강하게 부는 바람 소리가 들렸다. 창문 너머로 야자수가 날아가 차를 부수고 전깃줄이 끊어져 바닥에 떨어지는 광경이 보였다. 바람은 뭔가를 계속 들어 올렸다. 마치 온 세상이 날아가 버릴 것 같았다. 오전 열한 시가 되자 바람이 겨우 잦아들었다.

　마침내 허리케인이 지나갔다.

　우리는 계단을 통해 다시 위층으로 올라갔는데, 물이 폭포수처럼 아래로 흘러내렸다. 집에 도착하자 어머니가 잠겨 있던 문을 열었다. 5센티미터 깊이의 물웅덩이가 창문 근처도 아니고 현관문 근처에 고여 있었다. 우리는 서둘러 안으로 들어갔다.

　거실은 마치 작은 수영장 같았다. 8센티미터 정도로 물이 차서 모든 게 다 젖고 벽은 얼룩졌다. 내 방 역시 침수되어 나무로 된 침대 프레임과 책상이 물에 퉁퉁 불어 있었다. 어머니 방도 마찬가지로 물에 잠겼고, 누나들 방만

유일하게 멀쩡했다.

  우리는 옷가지와 담요, 이불을 바닥에 깔아서 물을 흡수시켰다. 우리 아파트 건물에 발전기가 있어서 청소기를 사용해 물을 빨아들일 수 있었다. 그러나 먼지 통이 너무 작은 바람에 굉장히 더딘 속도로 작업해야 했다. 침대는 버려야 했고 책상은 이미 곰팡이가 슬기 시작했다. 너무나 길고 힘든 하루를 보낸 탓에 기진맥진해서 다른 건 기억나지 않는다. 아침 열한 시부터 밤 여덟 시까지 계속해서 집을 치우고 물을 퍼냈다. 그게 우리가 할 수 있는 전부였다.

  다음 날에는 차로 시내를 둘러보기로 했다. 우리 아파트 밖에서는 무슨 일이 일어났는지 보고 싶었다. 할아버지가 가장 궁금해했고 할머니는 여전히 어쩔 줄 모르는 상태였다. 할머니는 어떤 상황인지 알고 싶어 하면서도 동시에 망설였는데, 앞으로 보게 될 모습을 감당할 자신이 없는 듯했다.

  나는 아파트 건물 바로 앞에 어느 집 창문이 창틀째 날아와 떨어져 있는 것을 보았다. 깨진 유리 조각은 사방팔

방 흩어져 있었다. 앞으로 보게 될 수많은 비현실적인 장면들의 시작이었다. 우리는 아파트 건물 아래 주차장으로 내려갔다. 주차장과 길거리 역시 10센티미터 정도 물이 차 있었다. 우리가 사는 지역은 열악한 하수 시설로 악명이 높았는데, 이번 허리케인을 계기로 그나마 있던 시설도 완전히 망가졌다. 쓰러진 도로 표지판과 고장난 신호등은 11개월이 지나고 나서야 겨우 복구되었다. 도로는 여전히 위험한 상황이었지만 사람들은 모두 차를 몰고 나갔다. 도로 위에는 수많은 차가 서로 뒤엉켜 있었다.

흙, 나뭇가지, 나무 그리고 옮길 엄두가 안 나는 거대한 건물 파편들이 여기저기 널려 있었다. 허리케인은 나무를 아예 통째로 날려 버리거나 아니면 잎사귀를 다 뜯어 버렸다. 바람이 야자수에 남긴 기다란 상처는 마치 괴물이 할퀴고 간 자국 같았다. 나는 허리케인 바람이 나뭇잎과 나뭇가지를 다 날려 버릴 수도 있다는 사실을 그전엔 몰랐다. 우리는 차를 타고 집 근처에 있는 공원을 지나쳤다. 그 공원은 내가 다섯 살 때부터 자전거를 타고 생일 파티를 열었던, 우리 집 뒤뜰이나 다름없는 곳이다. 그런데 그

공원을 둘러싸고 있던 3미터 높이의 큰 나무들이 하나도 남김없이 다 쓰러져 있었다. 정말이지 내 눈을 믿을 수 없었다. 고향이 완전히 무너져 버린 느낌이었다. 그제야 뉴스에서 주지사가 나와 했던 말을 이해할 수 있었다.

"이번 태풍은 대비하기 불가능합니다. 그저 살아남게 해 달라고 신에게 기도할 수밖에 없습니다."

마리아와 같은 태풍은 사람이 정복할 수 있는 종류의 재앙이 아니다.

파괴의 흔적을 보고 있자니 몹시 괴로웠다. 나는 가느다란 실에 매달려 있는 것처럼 불안했고 어디로 가야 할지 알 수 없었다. 한편으로는 눈앞에 벌어진 참사에서 그저 달아나고 싶었지만, 다른 한편으로는 허리케인 마리아가 나의 이웃과 푸에르토리코에 미친 막대한 영향을 제대로 알아야만 한다는 생각이 들었다.

허리케인이 지나간 지 사흘째 되던 날 창밖을 보니 하늘이 더 이상 흐리지 않았다. 그동안은 태풍과 그 잔해로 하늘이 안개 낀 듯 뿌연 회색빛이었다. 그러나 지금은 허리케인 이후 처음으로, 여느 때처럼 평범하게 노을 진 저녁 하늘로 돌아왔다. 연한 푸른색을 배경으로 진한 오렌지빛을 띤 하늘을 보니 감탄이 절로 나왔다.

그날의 노을은 내게 큰 의미로 다가왔다. 나는 자주 생각에 잠기는 편인데, 1분 동안 어떤 일을 하다가도 1분 뒤에는 창밖을 보면서 수많은 생각에 잠긴다. 오늘 저녁 메뉴부터 최근 정치 이슈까지, 다양한 생각에 골몰하는 나를 보며 어머니는 종종 웃곤 한다. 어머니는 내가 위키피디아*를 검색하다가 블랙홀에 빠지는 모습을 보고 놀리기도 했는데, 하나만 찾아본다고 했다가 관심 가는 주제를 발견하면 10페이지가 넘는 대장정을 떠나곤 했기 때문이다.

그날 그 노을을 보면서 나는 희망에 대해 생각했다. 그리고 스스로 물었다.

'이런 상황 속에서 내가 어떻게 더 큰 역할을 할 수 있을까?'

그전까지는 나의 약함과 내가 느끼는 감정에만 치중한 나머지 그저 살아남을 방법만 생각했었다.

전기는 여전히 들어오지 않았지만, 우리 아파트 건물에는 아침저녁으로 가동되는 발전기가 있었다. 그러나 발전기가 없는 푸에르토리코의 많은 사람은 밤새 불을 켜지 못했다. 어머니는 다른 사람들의 생활이 어떤지 우리가 이해할 수 있도록 집에서 한 번에 전등 하나만 켜도록 주의시켰다. 푸에르토리코인으로서 우리가 다른 이들과 연결되어 있다고 느끼기를 바랐던 것이다.

어머니는 마음이 따뜻한 분이다. 늘 다른 사람을 돌보고 지역사회에 무슨 일이 있는지 살폈다. 나는 아주 어릴 때부터 어머니 손을 잡고 노숙자 쉼터나 무료 급식소를 따라다녔다. 어머니가 아니었다면 나는 아마 다른 사람에게 쉽게 마음을 열거나 딱한 처지에 놓인 사람을 돕고자 하는 마음을 갖지 않았을 것이다. 이러한 나의 관점과 태도는 어머니 덕분에 만들어진 것이다. 어머니는 나에게

★ 전 세계 사람들이 사용하는 온라인 백과사전 중 하나

영감을 주는 존재다.

　4학년 때 담임 선생님이었던 야이자 선생님 역시 내게 큰 감동을 준 분이다. 친절, 긍정적인 마음, 타인에게 헌신하는 태도 등을 보여준 훌륭한 롤모델이다. 선생님은 동남아시아, 중동, 유럽과 남미 등 전 세계를 누비며 수많은 봉사 활동에 참여했다. 교사로서 돈을 많이 버는 것도 아니었고 부유한 집안 출신도 아니었지만 버는 족족 돈을 모아 봉사 여행을 다녔다. 그리고 가는 곳마다 사람들에게 영향을 미치고 그들의 삶을 바꿀 프로젝트를 찾곤 했다. 다른 사람에게 공감하는 마음과 그들을 위해 나설 줄 아는 태도가 중요하다는 것을 나는 야이자 선생님에게서 배웠다.

　해가 저물었다. 어둠 속에 있는 수많은 사람에게는 지는 해가 마치 희망이 떠나가는 것처럼 보일 것 같았다. 나는 결심했다.

'행동에 나서야겠어. 이렇게 집에 가만히 앉아서 특권만 누리고 있을 순 없어. 좋은 쪽으로 그걸 사용해야 해!'

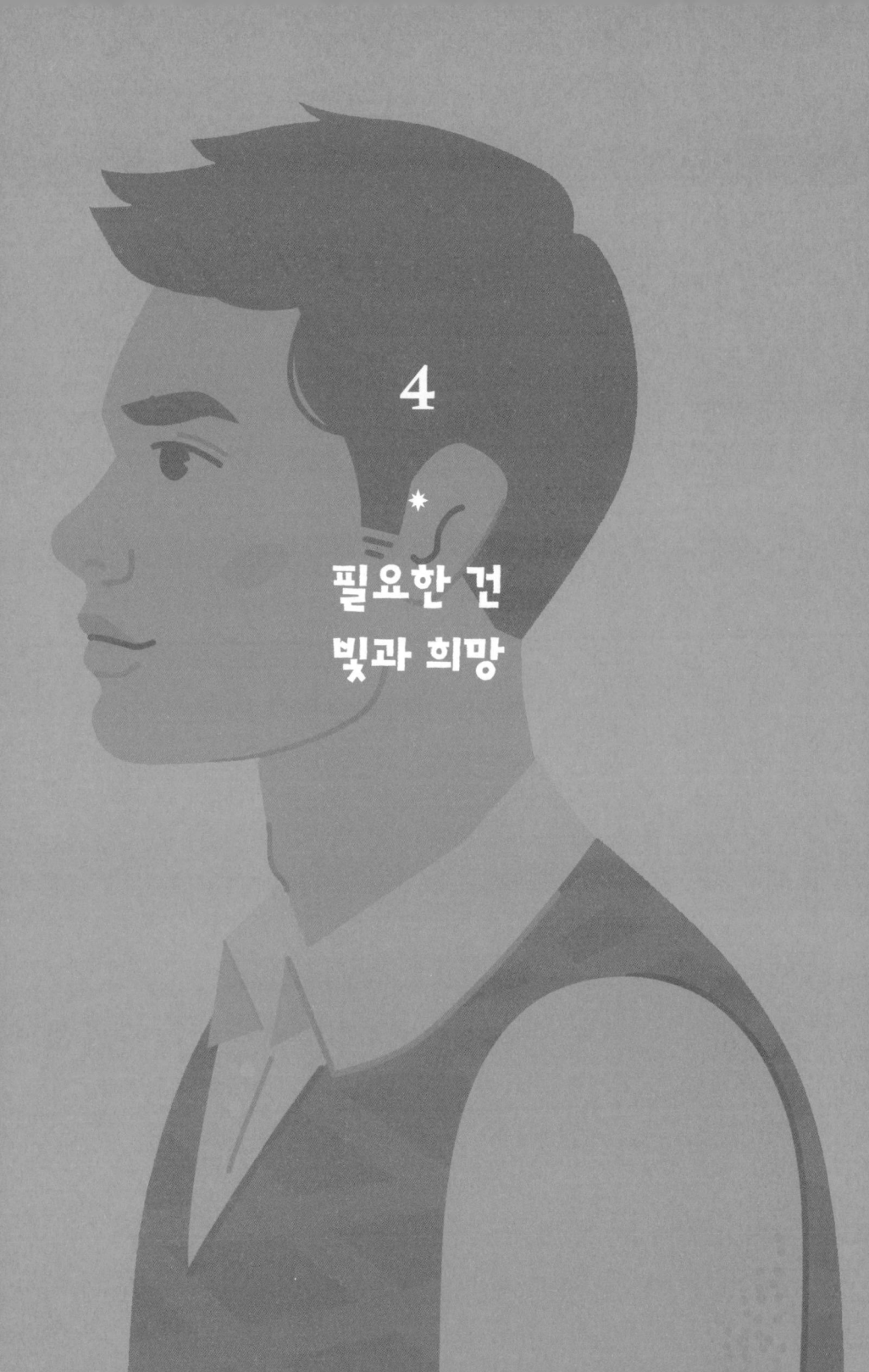

'사람들에게 필요한 게 뭘까? 뭐가 부족하지?'

곰곰히 생각해 보니 제일 먼저 '빛'이 떠올랐다. 물리적으로든 심리적으로든 말이다. 물리적으로 어둠 속에 있는 것은 안전하지 않다. 누군가로부터 위협을 당할 수도 있고, 어둠 속에 있는 것 자체로 사회적으로 돌봄이 필요한 취약 계층이 되는 것이기 때문이다. 어둠 속에서 지내면 사고를 당하기 쉽다. 게다가 내가 보기에 빛이 없는 사람이 희망도 없는 경우가 많았다.

나는 운이 좋게 가족도 있고 집도 있다. 먹을 것도 비교

적 넉넉한 데다 집을 밝히는 불빛도 있다. 그런데도 때로 무력하고 외로웠다. 그렇다면 나보다 훨씬 형편이 나쁜 사람들은 내가 느끼는 무력감과 외로움을 더욱 심각하게 느낄 것이었다. 사람들이 물리적·심리적 어둠에 짓눌려 있다고 생각하니 나는 가만히 있을 수 없었다. 푸에르토리코는 너무 큰 고통을 겪고 있었다. 나는 우리의 작은 섬나라에 빛을 주고 싶었다. 그게 아무리 미약한 빛이라 해도 말이다.

다음 날 아침, 나는 빵을 사러 동네 빵집에 갔다. 우리 집에서 두 블록 떨어진 곳이었다. 빵집 앞에는 엄청나게 많은 사람이 길게 줄을 서 있었고 문 바깥에는 무장한 경비원들이 아무도 빵을 훔치지 못하도록 감시하고 있었다. 남자 경비원 한 명은 공격용 소총을, 다른 경비원은 권총을 들고 있었다. 무장 경비가 빵집을 지키는 광경은 난생처음이었다. 물론 경찰청 앞이나 행정관 같은 고위 관리의 사택 앞에서는 본 적이 있지만, 빵과 오렌지 주스를 파는 가게 앞에서는 아니었다. 그만큼 심각한 상황이었다. 내가 그날 빵집 앞에서 본 장면은 허리케인이 얼마나 파괴적인 영향을 미쳤는지 생생히 보여 주었다.

빵집에 들어갔더니 갓 구운 빵 냄새를 뒤덮을 정도로 악취가 진동했다. 가게를 둘러보니 사람들의 옷에서 나는 냄새인 것 같았다. 내가 아는 이웃들이 더러운 갈색 반바지와 얼룩진 셔츠를 입고 있는 모습이 눈에 들어왔다. 사정을 들어 보니 그들이 사는 곳에 전기와 수도가 모두 끊겼다고 했다. 그뿐만 아니라 홍수가 나는 바람에 최소 15센티미터에서 90센티미터 깊이나 되는 웅덩이에서 지낸다고도 했다. 우리 식구가 사는 곳은 해안에서 세 블록 떨어진 곳이라 해수면 위 지역인데 그들이 사는 곳은 해안 근처의 해수면 아래 지역이었다. 그들은 빵을 사기 위해 매일 물살을 헤치고 걸어와야 했다.

깨끗한 옷이 주는 신체적·정서적 의미를 생각해 봤다.

'깨끗한 옷은 생필품일 뿐만 아니라 공중위생 문제이기도 해.'

구정물과 박테리아로 오염된 물속을 걸어 다니면 그 오

염물은 고스란히 옷에 남는다. 그 기분 나쁜 것들이 잔뜩 묻은 옷을 계속 입고 지내는 것은 너무 위험하다. 정서적인 부분도 생각해 봤다.

'깨끗한 옷을 누가 마다하겠어? 깨끗한 옷을 입으면 기분이 한결 낫잖아!'

나는 사람들에게 휴대폰 충전기가 내장된 태양광 램프와 수동 세탁기를 나누어 주어야겠다고 결심했다. 그리고 그 프로젝트 이름을 '빛과 희망'이라고 정했다. 램프와 세탁기라니, 사뭇 이상한 조합이지만 내 계획을 들은 어머니는 이렇게 말했다.

"딱 너다운 조합이로구나."

나는 이웃들에게 절실히 필요한 게 뭔지 보았다. 그리고 그 필요를 채우기 위해 무슨 일이든 하고 싶었다.

5

빛을 위한 모금 운동

내가 하고 싶은 일이 뭔지 이전에도 생각해 본 적은 있다. 그러나 이토록 긴급한 일은 없었다. '빛과 희망 프로젝트'는 즉시 착수해야 할 작업이었다. 필요한 사람들에게 태양광 램프와 수동 세탁기를 나눠 주는 일에 온 힘을 다하기로 나는 마음먹었다. 어머니는 그런 내게 이렇게 말씀하셨다.

"정말 이 일을 하고 싶다면 명심해라. 일단 시작하면 그저 힘들다는 이유만으로 포기할 수는 없어. 끝까지 가야 해."

"제가 이때까지 중간에 그만둔 일은 하나도 없었어요.

이건 충동적으로 내린 결정이 아니에요."

"만일 모금을 해서 사람들에게 물자를 나눠 주고 싶다면 얼마가 모이든 간에 결과를 받아들이고 신속하게 움직여야 해. 일이 힘들고 안 힘들고의 문제가 아니라 시간의 문제잖니. 어렵고 힘든 일이라 좌절도 클 거야."

어머니는 항상 부지런하고 강인했다. 스스로 돈을 벌어서 학교에 다녔고 어린 나를 홀로 길렀다. 어머니는 고난을 딛고 일어나 빛을 내는 사람이었다. 나는 어머니와 대화하면서 이 일에서 중요한 건 나와 내 생각이 아니라 내가 도우려는 사람들이라는 걸 깨달았다. 그들에게 희망을 주고 싶다면 내가 그들을 책임져야 했다.

중간에 포기하는 일은 없을 거라고 말하자 어머니는 네하라는 사람에게 연락할 수 있도록 소개해 주었다. 네하는 미국의 수도인 워싱턴 D.C.에 본부를 둔 비영리 단체의 창립자다. 그 단체의 주요한 업무는 청정에너지와 태양광을 이용해 아프리카에 있는 여성 기업을 육성하는 일이었다.

어머니는 정부와 기업, 비영리 단체에서 일하면서 사귄 친구가 많았는데, 네하는 한 리더십 프로그램에서 만난 친구였다. 그녀는 어머니의 친구 중에서 내 프로젝트를 도와준 첫 번째 사람이다. 많은 사람을 포용하고 연결하는 어머니의 능력은 내게 엄청난 특권이었다.

전화 연결 상태가 여전히 좋지 않은 바람에 네하와의 첫 대화는 문자 메시지로 이루어졌다. 일단 내 소개부터 했다.

"안녕하세요, 저는 살바도르라고 합니다. 제 어머니 마르타의 아들이죠."

그리고 태양광 램프와 수동 세탁기를 사서 사람들에게 나눠 주고 싶다는 포부를 밝혔다.

"이런 일은 어떻게 진행해야 할까요?"

내 질문에 그녀가 대답했다.

"이런 일은 크라우드펀딩*이 제격이야."

"목표를 얼마로 잡아야 할까요? 5만 달러면 될까요?"

"아니, 더 크게 잡아야 해. 가능한 한 많은 사람에게 도움을 주고 싶다면 크게 잡아. 아니면 관두거나."

계산을 해봤다. 수천 가구를 도우려면 태양광 램프와 수동 세탁기에 배송비까지, 어림잡아 한 가구당 100달러** 쯤 들 것이다. 우리는 목표액을 10만 달러로 잡았다. 지금 생각해 봐도 큰 금액이다. 열다섯 살의 나는 10만 달러라는 엄청난 액수의 목표액에 도달하지 못할까 봐 너무나 두려웠다.

네하가 크라우드펀딩 홈페이지 만드는 걸 도와줬다. 내 휴대폰은 먹통이었고 와이파이는 학교나 가까운 호텔로 가야 연결되었기 때문이다. 나는 크라우드펀딩 설명글과 사진을 문자 메시지로 네하에게 보냈다. 메시지 한 개를 전송하는 데 길게는 한 시간이 걸린 적도 있었다. 그렇게 문자를 보내면 그녀가 "오케이"라고 답장한 뒤, 받은 내용을 업로드했다. 허리케인이 지나가고 나흘째 되던 날, 드

드디어 펀딩 페이지가 완성되었다. 무척이나 기쁘고 감격스러웠지만, 그것은 길고 긴 여정의 첫걸음일 뿐이었다.

    펀딩 첫날 우리는 1만 4,000달러를 모금했다.

'굉장해, 일주일 정도면 끝낼 수 있겠는걸!'

    사흘째 되는 날에는 3만 6,000달러나 모였다. 이대로라면 닷새 안에 이 프로젝트를 완수할 수 있을 것만 같았다. 모금 운동을 시작한 지 일주일도 안 되어 CNN 뉴스와 한 패션 잡지에서 내 프로젝트를 기사로 실었고, 이후 더 많은 곳에서 우리 이야기를 다루기 시작했다. 뉴스 보도는 비현실적으로 느껴졌다. 내 친구들도 무척 흥분해서 스냅챗, 인스타그램 같은 여러 소셜 미디어 계정에 게시물을 올렸다. 하지만 나는 모금에 집중하느라 그런 데 신경 쓸 겨를이 없었다.

★ 후원이나 기부를 받기 위해 돈을 모으는 일. 인터넷을 통해 알리고 참여할 사람을 모은다.

★★ 1달러는 약 13만 원, 10만 달러는 1억 3,000만 원

펀딩이 일주일째 접어들었을 때 라스베이거스에서 총기 난사 사건이 일어났다. 미국 역사상 한 사람이 가장 많은 사람을 죽인 사건이라고 했다. 그러자 언론의 관심은 허리케인이 아닌 총기 난사 사건에 집중되기 시작했다. 그것이 미국 전 지역과 연관된 더 중요한 문제였기 때문이다.

그 바람에 허리케인 마리아는 뉴스에서 완전히 사라졌다. 매일 밤낮으로 모든 뉴스 채널에서 푸에르토리코의 소식을 다뤘었는데, 이제는 전혀 언급하지 않았다. 모금액은 그때 막 6만 달러를 넘어서고 있었다. 기부금은 대부분 푸에르토리코 밖에서 왔기 때문에, 줄어든 뉴스 보도는 모금에 나쁜 영향을 끼쳤다. 모금에 관한 뉴스는 수개월이 지난 뒤에야 다시 시작되었다.

기부가 줄어들기는 했지만, 예상 밖의 이메일 한 통이 내게 도착했다. 스마트 전력 연합이라는 회사에서 보낸 것이었다.

"안녕하세요. 살바도르 학생의 기사를 읽고 우리 회사 안에서 모금 운동을 벌였답니다. 총 1만 달러가 모였습니다."

뜻밖의 희소식이었다. 그 메일을 읽으면서 생각했다.

'정말 필요하던 참이었는데.'

그때까지는 전부 개인 기부금이었다. 단체로 큰 액수를 기부한 회사가 총 세 군데 있었는데, 스마트 전력 연합은 그중 첫 번째였다.

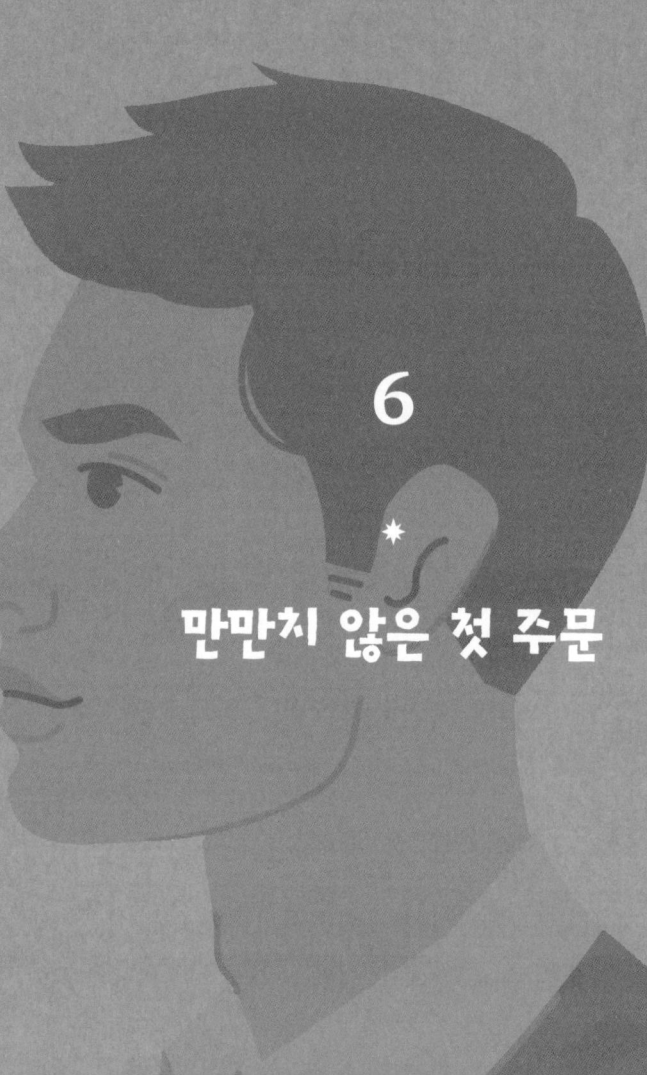

6

만만치 않은 첫 주문

허리케인 마리아가 지나가고 일주일 뒤, 학교가 다시 문을 열었다. 학생들은 수업 대신 자원 봉사를 해야 했다. 우리는 학교를 청소하고 주변을 돌며 이웃들에게 별일이 없는지 살폈다. 수업은 그로부터 일주일이 더 지난 뒤에야 다시 시작되었다. 상황은 여전히 일상과는 거리가 멀었지만, 선생님은 어떻게든 정상적인 수업을 하기 위해 애를 썼다. 학교 구성원을 비롯한 주민 대다수가 아직도 고통을 겪고 있는데 우리는 여기서 수업을 받고 있자니 마음이 영 불편했다.

교복을 입지 않아도 된다고 했다. 전기와 수도가 들어

오지 않아 빨래할 수 없는 학생이 많아서였다. 어떤 친구는 사는 동네가 너무 많이 침수되는 바람에 매일 카약을 타고 등교했다. 수도와 전기가 끊긴 후 아직 복구되지 않은 지역도 많았는데, 그런 곳에 사는 친구들은 새벽 다섯 시에 학교에 와서 샤워하고 아침을 먹었다. 식사는 전자레인지로 조리했고 대부분 라면 같은 것이었다. 도서관이 문 닫는 오후 다섯 시까지 학교에 남아 있는 친구도 많았다. 학교가 일상으로 돌아가려고 애쓸수록 비일상적인 모습들이 더욱 도드라졌다.

어머니와 나는 현장 조사를 나가 보기로 했다. 우리는 차를 몰고 미국 산림청이 관리하는 푸에르토리코 유일의 열대림 지역에 갔다. 가서 보니 마치 불이라도 났던 것처럼 숲속의 나무와 잎사귀가 싹 다 사라지고 없었다.

어머니와 나는 우리가 사는 지역에서 동쪽으로 25킬로미터쯤 떨어진 해안 도시 로이자에도 가보았다. 그곳은 마리아가 강타하기 2주 전에 허리케인 어마가 이미 휩쓸고 지나간 터라 극도로 황폐했다. 마리아가 오기 전부터 전기는 이미 끊겼다. 그곳 주민들은 어마 때문에 입은 피해를 극복할 새도 없이 훨씬 더 파괴적인 두 번째 태풍 마리아를 맞닥뜨렸다. 피해 상황은 매우 심각했다. 목조 주택을 받치고 있던 기둥들은 모두 쓰러졌고 양철 지붕은 날아갔다. 창문과 문은 원래 있던 자리에서 죄다 뜯겨 나갔고 가구, 냉장고, 부서진 차 들이 길바닥에 아무렇게나 널브러져 있었다. 나는 로이자에 가장 먼저 태양광 램프를 나눠 줘야겠다고 생각했다.

10월까지 크라우드펀딩으로 모금한 돈이 6만 달러에 이르렀다. 나는 태양광 램프 첫 주문을 위해 램프 회사에 전화를 걸었다. 그리고 최대한 목소리를 낮게 깔고 얘기했다.

"여보세요. 저는 살바도르 고메즈라고 합니다. 주문을 좀 하고 싶은데요."

직원이 말했다.

"미안하지만, 미성년자 맞죠?"

마치 들킨 듯한 느낌이었다. 말을 꺼내고 채 5초도 안 되었는데 상대방은 벌써 내가 어른이 아니라는 사실을 알아차렸다.

"네, 맞아요."
"뭘 주문하려고?"
"램프를 500개 구매하려고요."
"옆에 어른 계시면 좀 바꿔 줄래?"

열다섯 살짜리가 3만 달러어치 태양광 램프를 주문하는 일이 흔하지 않다 보니 그쪽에서도 주문을 순순히 받으려고 하지 않았다. 나는 답답했다. 비록 어리지만 진지한 대우를 받고 싶었다. 쉽지 않으리라는 것은 예상했지만, 처음부터 장난 전화 취급을 받으니 실망이 컸다.

결국 어머니가 전화를 건네받고 그들에게 사정 설명을 하고 나서야 태양광 램프를 주문할 수 있었다.

나는 어머니의 또 다른 친구에게 연락해서 수동 세탁기를 어디서 살 수 있는지 물어보았다. 그리고 젠틀워셔라는 네덜란드 회사가 수동 세탁기를 만든다는 사실을 알아냈다. 세탁기는 원통형으로 생겼고 양쪽에 L자 모양 손잡이가 달려 있었다. 보기에는 작았지만 한 통에 바지 5벌과 셔츠 10벌까지 넣을 수 있었다!

세탁기 100대를 주문하려고 회사 홈페이지에 나와 있는 연락처로 연락을 했지만 응답이 없었다. 세 번째 이메일을 보내고 나서야 회사 창립자로부터 답장을 받을 수 있었다. 그는 회사가 지금 세탁기를 보내기 위해 배에 실을 준비를 하고 있다고 했다. 좋은 소식이었다. 나쁜 소식은 물량이 부족해서 1월까지는 받을 수 없다는 것이었다.

10월 말에 태양광 램프가 푸에르토리코에 도착했으나 항구에서 문제가 생겼다. 내가 비영리 단체로 등록된 것도 아니고, 누구나 알 만한 인도주의* 단체도 아니라는 이유로 세관이 컨테이너 개봉을 미룬 것이다. 그래서 램프가 실려 있는 컨테이너가 거의 한 달 동안이나 항구에 처

★ 인간은 모두 똑같이 귀하다는 생각을 바탕으로, 모든 인간이 행복할 수 있도록 실천하는 태도

박혀 있었다. 번거로운 절차에 화가 나고 답답했지만 거기서 포기할 수는 없었다. 어머니 친구 중에 공항 화물 구역을 소유한 사람이 있었다. 그녀는 도와주겠다며 어딘가로 전화를 걸었고 그 전화 한 통에 태양광 램프 컨테이너는 곧바로 화물 창고로 이송되었다. 나는 그제야 컨테이너를 열어 볼 수 있었다.

11월에는 앞서 큰 피해를 입은 로이자 근교의 한 고급 리조트에 연락을 했다. 이메일로 내 소개를 간단히 하고 내가 나온 기사와 인터뷰 링크를 첨부했다.

"제 뜻을 지지하신다면 기부를 부탁드립니다."

놀랍게도 그 리조트는 흔쾌히 1만 달러를 기부하겠다고 답장했다.

'좋았어! 가보는 거야!'

나는 로이자의 시 정부에서 일하고 있는 주민 대표에게

연락해서 어느 지역을 방문하는 게 좋을지 물었다. 그녀는 자세히 안내했고, 꼭 필요한 정보를 제공해 주었다. 그뿐만 아니라 10명의 자원봉사자를 주민들에게 먼저 보내서 우리가 곧 방문할 거라고 미리 알렸다. 드디어 로이자 주민들에게 태양광 램프를 나눠 줄 모든 준비가 끝났다!

7

희망 전달자

12월 3일 일요일, 나는 어머니와 내 친구 마리아 엘리사 그리고 그의 어머니와 함께 차에 태양광 램프를 가득 싣고 길을 떠났다. 로이자에 도착하니 그간 달라진 것이 거의 없어서 무척 실망스러웠다. 허리케인이 강타한 지 석 달이나 지났는데도 황폐한 정도가 태풍 일주일 뒤와 다름없었다. 허리케인 때 푸에르토리코 전 지역이 완전히 정전된 이유는 전기 시스템이 1941년에 만들어졌기 때문이다. 그렇게 오래되었으니 망가지는 것도 당연했다.

 우리는 집마다 찾아다니며 램프를 직접 나눠 주었다. 나는 사람들이 이러한 나눔을 형식적인 겉치레로 여기지

희망 전달자

않고 사람과 사람 간의 경험으로 느끼길 바랐다. 마치 풀 뿌리처럼, 서로 연결되어 있음을 꼭 느끼게 하고 싶었다. 램프가 그러한 희망을 전달해 주는 수단이 될 수 있다고 나는 굳게 믿었다.

　나는 처음 방문한 집에서 10분을 머물렀다. 그 집에서 나오자 어머니가 말했다.

　"잘했다. 그런데 서두르는 게 좋겠어. 앞으로 200가구나 남았거든."

　시간이 얼마나 걸릴지 그때까지 계산해 본 적이 없었다. 나는 속도를 내기 시작했고, 다행히 첫날에 200가구를 모두 방문할 수 있었다. 마지막 집에 램프를 나눠 주고 나오는 길에 어떤 사람이 우리에게 다가왔다.

　"우리 사촌이 전화로 알려줬는데, 여러분이 램프를 나눠 준다고 하더라고요. 저도 램프가 필요해요. 몇 개만 얻을 수 있을까요?"

"미안합니다. 오늘은 다 떨어졌어요. 하지만 연락처를 주시면 다음에 올 때 연락드릴게요."

또 다른 한 남자가 차를 몰고 와서는 이렇게 말했다.

"근처 마을에서 왔는데, 내 사촌이 하는 말이 여러분한테 램프가 있다고 하네요. 나는 산속에 살기 때문에 램프가 정말 필요하거든요. 몇 개만 줄 수 있나요?"

주민 대표가 그 남자를 루브리엘이라고 소개했다. 그는 우리가 사는 지역에서 한 시간 거리에 있는 산간 지역 모로비스에 사는 사람이었다.

나는 차를 타고 집으로 돌아오는 길에 어머니에게 이렇게 말했다.

"이곳 말고도 태양광 램프가 필요한 곳이 너무 많아요. 로이자에만 있어선 안 되겠어요."

더 큰 영향을 미치려면 더 많은 사람을 도와야 했다. 나는 더 많은 지역을 방문하기로 했다.

로이자의 주민들에게 램프를 나눠 주고 얼마 지나지 않아 루브리엘이 내게 페이스북 메시지를 보냈다. 그는 자신이 사는 지역에 환자나 아이들이 있는 가정, 나이 든 사람이 많다고 했다. 나는 어머니에게 말했다.

"모로비스야말로 우리가 가야 할 곳이에요."

모로비스로 떠나기 이틀 전에 어머니의 예전 동료들로 이루어진 선발팀이 먼저 가서 물품을 나눠 줄 계획을 세웠다. 그리고 우리가 태양광 램프를 가져간다는 사실을 주민들에게 미리 알렸다. 모로비스로 출발하는 날에는 비가 내렸다. 나는 로이자에 다녀온 후부터 시작된 천식 발작 때문에 그때까지도 몸이 아팠다. 어머니가 걱정했지만 나는 말했다.

"어머니, 저는 이 일을 꼭 해야만 해요."

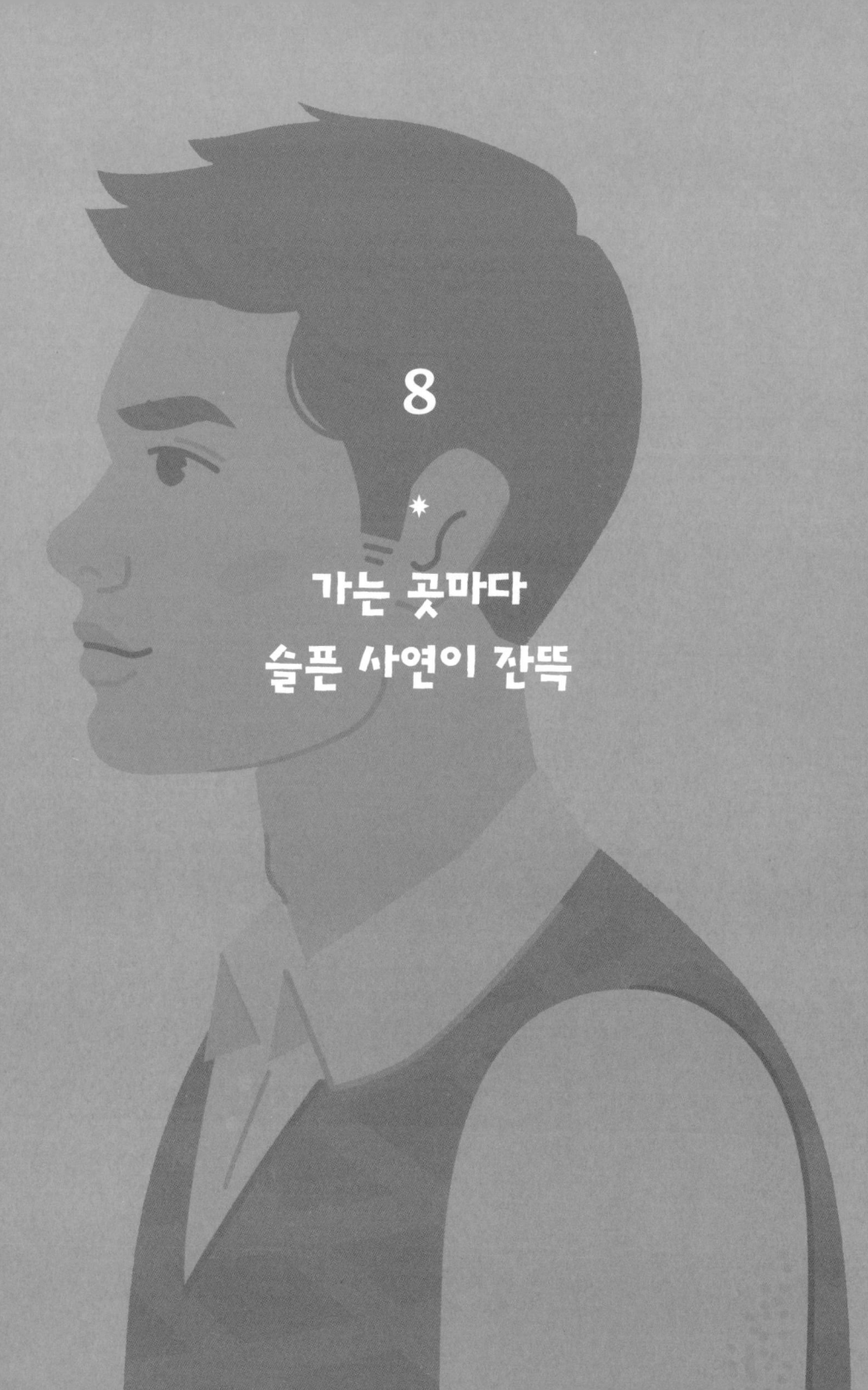

12월 17일, 나는 어머니와 친구 두 명과 함께 램프를 가지고 모로비스로 출발했다. 그곳은 푸에르토리코의 다른 지역들로부터 완전히 고립되어 있었다. 마을 출입에 쓰이는 제일 큰 다리가 허리케인으로 무너져 홍수에 쓸려가 버렸기 때문이다. 강은 폭이 대략 300미터로 깊고 넓었다. 강물 안으로 주민들이 큰 돌을 굴려 넣어 임시 다리로 쓰고 있었지만, 그 위로 차를 몰고 건너기란 몹시도 위험하고 어려운 일이었다. 강을 건너는 도중에 급류에 휩쓸리면 차가 뒤집힐 수도 있었기 때문이다. 우리는 가장 안전한 때를 기다렸다가 강을 건넜고, 다행히 아무 일 없이 반대

편에 도달할 수 있었다.

모로비스는 마치 태풍이 방금 지나간 듯한 광경이었다. 로이자와 달리 이곳의 집들은 대부분 콘크리트 건물이었지만 지붕은 나무를 얹었다. 그래서 거의 모든 집의 지붕이 뜯겨 나가거나 물이 샜다. 80퍼센트 정도는 파란 방수포를 덮어 놓은 상태였다. 집마다 페인트가 다 벗겨지고 창문은 떨어져 나가고 없었다. 앞마당에는 엄청난 양의 쓰레기와 나뭇가지가 쌓여 있었다. 허리케인이 지나가고 3개월이나 흘렀지만 모로비스에는 아직도 전기가 들어오지 않았다. 지금까지도 산간 지역의 많은 집이 지붕에 파란 방수포를 얹고 산다.

우리가 맨 처음 찾아간 집은 90대 할머니가 살고 있었다. 가로 6미터에 세로 3미터쯤 되는 작은 집이었다. 할머니는 거실에 침대를 놓고 생활했다. 낮 동안 어떤 아주머니가 보살펴 주긴 했지만, 할머니는 침대에서 꼼짝도 못할 정도로 지쳐 있었고 불을 밝힐 도구라고는 석유램프밖에 없었다.

돌봐 주는 아주머니에게 물었다.

"할머니가 이 석유램프를 쓰시는 거예요? 밤에 할머니와 함께 지내는 사람이 있나요?"

아주머니가 대답했다.

"밤에는 혼자 계시는데 그동안에도 석유램프는 쓰시지."
"세상에."

나는 태양광 램프 한 개를 할머니에게 나눠 주었다. 석유램프는 굉장히 위험하다. 석유가 피부에 닿으면 불 없이도 화상을 입는다. 만약 불이라도 나면 불길이 닿는 곳마다 모조리 집어삼킨다. 침대에서 일어나지도 못하는 90대 할머니가 석유램프를 쓰는 게 얼마나 위험한 일인지 생각해 봤다. 침대에 불이라도 붙으면 어쩌겠는가?

다음 집으로 가는 길에 90대 후반으로 보이는 어떤 노인이 집 앞마당에 고철 더미를 쌓는 모습이 눈에 띄었다. 내가 물었다.

"할아버지, 도와드릴까요?"

"오, 그래. 고맙구나."

나는 일을 도와주면서 할아버지의 이야기를 들었다. 집에 전기는 끊기고 아내는 몇 년 전에 죽었으며, 일가친척 한 명 없이 혼자 지낸다고 했다. 할아버지에게도 램프 하나를 나눠 주었다. 좀 더 같이 있고 싶었지만 다른 사람에게도 가 봐야 했다. 나는 할아버지의 이야기에 충격을 받았다. 그는 외롭고 희망이 없는 사람이었다. 그가 살아남으려면 얼마나 큰 회복력이 필요한 걸까.

나는 또 다른 집을 방문해서 당뇨로 앓아누운 환자에게 램프를 전달했다. 그런데 몇 주 후에 그 환자가 치료를 제때 받지 못해 결국 세상을 떠났다는 소식을 들었다. 충격적이었지만 이 마을 저 마을 다니면서 듣게 된 사연에는 이보다 훨씬 더 가슴 아픈 일도 많았다. 내가 목격한 것들을 이해하고 받아들이기까지 적어도 몇 달이 필요했다.

9

선한 영향력

허리케인 마리아가 휩쓸고 간 뒤 4개월이 지났지만 우리는 여전히 피해를 수습하느라 바빴다. 언론의 관심은 다시 푸에르토리코로 돌아왔고, CNN 뉴스는 나의 모금 운동에 대해 두 번째로 보도했다. 내가 800가구를 방문함으로써 큰 영향을 미쳤다는 내용이 언급되자 기부금이 다시 모이기 시작했다. 뉴욕에 기반을 둔 의사 모임인 소모스 커뮤니티케어로부터 단체 기부도 1만 달러나 받았다. 다음 지역은 이 단체의 의사들과 함께 가서 물품을 나눠 주기로 했다.

나란히토는 허리케인 때문에 산사태를 여러 차례 겪은

도시였다. 그곳까지 거리는 35킬로미터 정도밖에 안 되지만, 길이 험해서 도착하는 데 한 시간도 넘게 걸렸다. 이번에는 소수의 사람이 모든 집을 다 방문하는 것보다 다수의 주민이 한 장소로 모이는 것이 더 효율적이라는 결론을 내렸다. 우리는 주민들을 정해진 장소로 불러서 건강 검진도 받고 태양광 램프와 수동 세탁기도 받아 가도록 계획을 세웠다. 그곳 시장과 수석 보좌관에게 연락했더니 그들도 현장에 오겠다고 했다. 여러 사람의 도움으로 일은 계획대로 빈틈없이 진행되었고 물품도 골고루 분배되었다.

그리고 놀랍게도 젠틀워셔의 설립자 코엔 페르메이르가 우리를 돕겠다고 네덜란드에서부터 푸에르토리코까지 먼 길을 날아왔다. 몇 주 전에 더 많은 사람에게 세탁기를 나눠 줄 계획이라고 그에게 말한 적이 있었는데, 그때 그는 자기도 동참하고 싶은 마음이 굴뚝같다고 했었다. 그런데 말로만 그런 게 아니라 정말로 비행기를 타고 온 것이다!

봉사자들과 현장에 도착해서 언덕길을 올라가다 보니

사람들이 엄청나게 긴 줄을 지어 서 있는 모습이 보였다. '대체 뭘 기다리고 있는 거지?' 나는 궁금했다. 언덕 위에서 보니 현장이 한눈에 들어왔다. 교회 앞 공터에는 텐트가 몇 대 설치되어 있었는데, 사람들은 여기서 진료도 보고 태양광 램프와 수동 세탁기를 받아 갈 수 있었다. 아까 봤던 그 긴 줄은 물품을 받으려는 사람들이었는데, 500명쯤 되었다. 태양광 램프 한 개를 얻자고 온종일 줄을 선 사람들이 그렇게 많다는 것에 나는 또 한 번 충격을 받았다. 이 물건이 그들에게 얼마나 필요한지 깨달았다. 사람들에게 그토록 절실한 물건이라니, 내게도 너무나 절실해졌다.

 푸에르토리코 사람들은 전부 어떤 형태로든 태풍 때문에 피해를 입었다. 이 경험으로 알게 된 한 가지 사실은, 태풍은 사람을 가리지 않고 피해를 주지만 사람들은 그 피해에 제각각 다른 방법으로 대처한다는 것이다. 이미 강타한 태풍은 내가 어찌할 도리가 없었다. 하지만 그에 대한 대처는 온전히 내 몫이었다. 나는 계속해서 사람들을 돕기로 마음먹었다.

내가 아는 사람들은 물질적인 피해보다는 정서적인 타격으로 더 큰 고통을 받았다. 친구 중에는 스트레스 때문에 부모님이 늘 싸운다고 말하는 애도 여럿 있었다. 푸에르토리코의 자살률은 허리케인 마리아 이후로 눈에 띄게 증가했다. 주변에서 벌어지는 일을 그저 모른척하는 친구도 많았다. 그들은 집에 틀어박혀 넷플릭스를 보거나 게임을 하면서 시간을 보냈다. 비난하는 것은 아니다. 그들도 살면서 이런 일을 겪어 본 적이 없었으니까 말이다. 하지만 나는 이웃의 고통을 모른 척할 수 없었다. 나에게는 머리를 가려 줄 지붕과 늘 함께하는 가족이 있으니, 그렇지 못한 사람들의 고통을 덜어 줄 책임이 있다고 생각했다.

내가 그런 마음으로 우리 사회를 도왔던 것에 스스로 큰 자부심을 느낀다. 17개 시에 거주하는 3,500가구에 나의 손길이 닿았다. 다양한 사람들과의 만남을 통해 시야가 넓어졌고 일종의 목적의식도 생겼다. 그리고 아무리 암울한 때일지라도 주변 사람들의 고통을 함께 나누고 그들을 지지하는 것이 중요하다는 것을 배웠다.

그뿐만 아니다. 내 모금액은 거의 17만 5,000달러*에 이르렀다! 평생 모금이라고는 초등학생 때 과자를 구워서 파는 행사 말고는 없었는데 말이다. 나는 대학생도 아니었고, 재정학 전공은 더더욱 아니었다. 그저 평범한 고등학생에 불과했다. 그러나 나에게는 세상을 바꿔 보려는 의지와 열정이 있었다. 사람이 어떤 일에 온 마음을 다하면 무엇이든 가능하다고 믿는다. 나이는 숫자에 불과할 뿐, 성공을 제한하지 않는다. 내가 누군가의 인생에 긍정적인 영향을 미쳤다면, 마찬가지로 누구든 그렇게 할 수 있다. 그러니 해보기도 전에 안 된다고 하는 사람의 말은 귀담아듣지 말았으면 좋겠다. 그 누구도 우리의 열정을 꺼트리지 않도록.

★ 우리나라 돈으로 약 2억 3,000만 원

시간으로 보는 인물 이야기

2017년

9월 2일 살바도르, 열다섯 살이 되다.

9월 6일 5등급 허리케인 어마가 푸에르토리코를 강타해 정전, 대규모 홍수, 건물 붕괴를 일으킨다.

9월 16일 미국 기상청이 다가오는 열대 폭풍을 '마리아'라고 이름 짓는다.

9월 17일 미국 기상청은 열대 폭풍 마리아가 허리케인급으로 발달했다고 발표한다.

9월 19일 허리케인 마리아가 5등급으로 격상할 것이라고 미국 기상청이 예측한다. 허리케인 어마의 여파로 여전히 전기가 끊어진 상황에 놓인 사람이 6만 명에 이른다. 살바도르 가족이 허리케인 마리아를 대비하기 시작한다.

9월 20일 허리케인 마리아가 4등급 폭풍으로 상륙해서 주변이 크게 파괴되며 전기가 끊어진다. 휴대 전화, 인터넷, 유선 전화를 포함한 통신이 끊어진다. 살바도르 식구들은 아파트 건물 헬스장으로 대피한다.

9월 21일 트럼프 대통령이 푸에르토리코에 비상 재난 사태를 선포해 연방 정부의 원조가 가능해진다. 미국 기상청이 '대재난급 홍수' 경고를 내린다.

9월 23일 살바도르가 푸에르토리코 사람들을 돕기로 결심한다.

9월 24일 크라우드펀딩을 시작하고 첫날에만 1만 4,000달러가 모금된다.

9월 28일　도로가 망가지고, 석유가 부족하고, 운전할 사람이 없어서 1만 개 이상의 비상 구호 물품 컨테이너가 산후안 항구에 묶인다.

9월 30일　CNN 뉴스에서 살바도르의 모금 운동을 보도한다.

10월　살바도르가 첫 주문으로 램프 500개를 구매한다.

10월 1일　미국 역사상 최악의 대량 살상 총기 사건이 라스베이거스에서 일어난다.

12월 3일　허리케인이 지나간 지 거의 2주 만에 트럼프 대통령이 푸에르토리코를 방문한다.

12월 29일　허리케인 마리아 이후 100일이 흘렀지만, 아직도 100만 명이 넘는 사람들이 정전을 겪고 있고, 그중 수백 명은 식수와 거주지가 없는 상태다. 외딴 지역 주민들은 도로가 끊어져 의료 서비스를 받지 못한다.

2018년

1월 살바도르가 수동 세탁기 100개를 배송받는다. 목표했던 모금액 10만 달러를 달성한다.

8월 14일 허리케인 마리아 이후 거의 1년째, 섬 전체에 전기가 복구되었다는 공식 선언이 발표된다.

Q. 허리케인 마리아는 얼마나 강력했나요?

지난 80년간 푸에르토리코를 강타했던 허리케인 중에 가장 강력했습니다. 허리케인 마리아는 4등급과 5등급을 오르내린 태풍이었어요. 4등급 태풍의 풍속은 시속 209~251킬로미터 사이이고, 5등급의 경우는 시속 252킬로미터가 넘습니다. 마리아가 푸에르토리코에 상륙했을 땐 풍속이 시속 249킬로미터였기 때문에 4등급이었지요. 마리아는 폭우도 동반했는데요, 강수량이 50센티미터가 넘는 비가 내리는 바람에 대단히 위험한 재해성 홍수가 발생했어요.

Q. 허리케인 마리아가 끼친 피해는 얼마나 되나요?

대재앙급 피해로 전력, 주택, 병원 업무, 식량 공급 등에 악영향을 끼쳤어요. 섬 전체 전력이 끊기는 바람에 미국 역사상 최대 규모이자 최악의 전력 사고로 기록되었고요. 태풍으로 파괴된 집이 너무 많아서 약 110만 가구가 재난 구호를 신청했어요. 허리케인으로 목숨을 잃은 사람도 2,795명이나 되었지요. 그뿐만 아니라 마리아는 약 40개에 이르는 작은 섬들로 이루어진 미국령 버진

아일랜드와 도미니카공화국에도 피해를 끼쳤어요.

Q. 푸에르토리코를 도우려고 애썼던 살바도르의 삶은 어떻게 변했나요?

살바도르는 프로젝트를 진행하는 동안 전 세계에서 쏟아지던 기부와 도움을 주었던 많은 사람을 통해 협동과 공감의 힘을 보았어요. 이에 그는 큰 힘을 얻고 감동했지요. 가장 힘든 순간일지라도 타인에게 동정심을 갖고 그들을 지지하는 것이 얼마나 중요한지, 물품을 나눠 줄 때마다 그는 되새겼습니다.

살바도르가 물품을 들고 찾아오면 사람들은 그를 기쁨과 호의로 맞이했는데, 이는 살바도르에게 무엇과도 비교할 수 없는 큰 소명감을 불어넣어 주었어요.

청소년 시절의 이러한 경험은 선의와 긍정적인 태도가 사람들에게 큰 힘을 준다는 것을 깨닫게 했어요. 그리고 더 나아가 살바도르 스스로 훌륭한 사람이라는 자신감을 갖게 만들었습니다.

Q. 요즘은 살바도르가 무슨 일을 하고 있나요?

살바도르는 자연재해로 신음하는 공동체를 복구하기 위해 지금도 노력하고 있습니다. 2019년에는 허리케인 도리안이 몰아친 바하마에서 '빛과 희망 캠페인'을 시작했고 2020년 1월 푸에르토리코 대지진 이후에는 또 다른 프로젝트에 착수했어요.

기후 재앙 이후의 복구 작업과 지구의 지속 가능성을 위한 활동 외에도 살바도르는 청소년의 권리를 신장시켜 그들이 중요한 사회적 의사 결정에 한몫을 할 수 있도록 노력하고 있습니다. 현재 그는 대학생입니다.

변화를 위한 한 걸음

① 건의합시다

선생님에게 기후 변화와 그것이 끼치는 영향을 학교의 정식 교육 과정으로 넣어 달라고 건의해 보세요.

② 책을 읽고 발표합시다

기후 변화에 대한 인식을 키우고 지속 가능한 발전을 옹호하는 단체에 가입하거나 그런 단체를 새로 만들어 보세요. 또는 책이나 기사로 기후 변화에 대해 알아보고 실제 활동을 같이할 친구들을 모아 보세요.

③ 봉사합시다

주변을 돌아보고 어떤 단체가 영향력이 있는지 알아보세요. 자연 보호나 재활용, 그 외 여러 환경 문제를 해결하기 위해 노력하는 단체들이 지구 보호라는 목표를 달성하려면 실질적인 도움이 필요해요. 여러분은 부모님이나 형제자매와 팀을 이루어 자원봉사를 할 수도 있을 거예요.

빛을 든 아이들 3
살바도르, 기후위기에 대한 도전
거대한 재난 속 빛을 든 소년 이야기

초판 1쇄	2022년 12월 30일

지은이	살바도르 고메즈 콜론
옮긴이	권가비

펴낸이	김한청
기획편집	원경은 김지연 차언조 양희우 유자영 김병수 장주희
마케팅	최지애 현승원
디자인	이성아 박다애
운영	최원준 설채린

펴낸곳	도서출판 다른
출판등록	2004년 9월 2일 제2013-000194호
주소	서울시 마포구 양화로 64 서교제일빌딩 902호
전화	02-3143-6478 팩스 02-3143-6479 이메일 khc15968@hanmail.net
블로그	blog.naver.com/darun_pub 인스타그램 @darunpublishers

ISBN	979-11-5633-521-4 (74000)
	979-11-5633-518-4 (세트)

- 잘못 만들어진 책은 구입하신 곳에서 바꾸어 드립니다.
- 이 책은 저작권법에 의해 보호를 받는 저작물이므로, 서면을 통한 출판권자의 허락 없이 내용의 전부 혹은 일부를 사용할 수 없습니다.

이 책의 수익금 가운데 일부는 '국제 연합 청소년 글쓰기 센터'의 작품 지원에 쓰입니다. 비영리 목적으로 운영되는 이곳은 청소년이 글을 쓰고 말할 곳, 축하와 격려 속에서 목소리를 낼 곳이 필요하다는 신념으로 설립되었습니다.
www.youthwriting.org